BEI GRIN MACHT SICH IHR WISSEN BEZAHLT

- Wir veröffentlichen Ihre Hausarbeit, Bachelor- und Masterarbeit

- Ihr eigenes eBook und Buch - weltweit in allen wichtigen Shops

- Verdienen Sie an jedem Verkauf

Jetzt bei www.GRIN.com hochladen
und kostenlos publizieren

Trainingsplanung zur Verbesserung der Beweglichkeit und Koordination (Weibliche Klientin, 47 Jahre)

Bibliografische Information der Deutschen Nationalbibliothek:

Die Deutsche Nationalbibliothek verzeichnet diese Publikation in der Deutschen Nationalbibliografie; detaillierte bibliografische Daten sind im Internet über http://dnb.d-nb.de abrufbar.

ISBN: 9783346784247
Dieses Buch ist auch als E-Book erhältlich.

© GRIN Publishing GmbH
Nymphenburger Straße 86
80636 München

Alle Rechte vorbehalten

Druck und Bindung: Books on Demand GmbH, Norderstedt Germany
Gedruckt auf säurefreiem Papier aus verantwortungsvollen Quellen

Das vorliegende Werk wurde sorgfältig erarbeitet. Dennoch übernehmen Autoren und Verlag für die Richtigkeit von Angaben, Hinweisen, Links und Ratschlägen sowie eventuelle Druckfehler keine Haftung.

Das Buch bei GRIN: https://www.grin.com/document/1309916

Inhaltsverzeichnis

1   Personendaten

In der folgenden Tabelle sind alle allgemeinen Daten der Person zusammengefasst.

Tabelle 1: Allgemeine Daten der Person (eigene Darstellung)

Alter	47 Jahre
Geschlecht	Weiblich
Körpergröße	169 cm
Körpergewicht	67 kg
Trainingsmotive	- Wieder eine bessere Beweglichkeit erreichen - Verspannungen lösen - Rücken- und Nackenschmerzen reduzieren - Ergänzung zum Standardtanz
Berufliche Tätigkeit	Bürokauffrau, hauptsächlich sitzende Tätigkeit

Aktuelle und frühere sportliche Aktivitäten	- seit 5 Jahren regelmäßig Standardtanz (1 Mal pro Woche, Goldabzeichen)
Zeitlicher Verfügungsrahmen	- Montag bis Freitag ab 17:30 Uhr - Samstag zwischen 9:00 Uhr und 11:30 Uhr
Allgemeiner Gesundheitszustand	Subjektive Beschwerden: - regelmäßig auftretende Rücken- (Bereich Brustwirbelsäule) und Nackenschmerzen Keine Orthopädischen oder internistischen Probleme, keine Einnahme von Medikamenten
Sonstige gesundheitliche Einschränkungen	keine

In Hinsicht der Daten ist die Belastbarkeit und Trainierbarkeit der Person durch die regelmäßig vorkommenden Rückenschmerzen leicht eingeschränkt.

Vor allem beim Standardtanz mit ihrem Mann, aber auch in alltäglichen Situationen, merkt die Person immer wieder, dass ihr einige Bewegungen und Drehungen immer schwerer fallen. Daher will sie Beweglichkeits- und Koordinationstraining in ihre Trainingsplanung mit aufnehmen.

2 Beweglichkeitstestung

Zur Beweglichkeitstestung der Person wird ein vereinfachtes Testverfahren zur Beweglichkeitsdiagnostik nach Janda (2000) durchgeführt. In den folgenden Tabellen werden die genauen Testdurchführungen der verschiedenen Muskeln beschrieben und die jeweiligen Testergebnisse dokumentiert.

Tabelle 2: Durchführung der Beweglichkeitstestung an M. pectoralis major (eigene Darstellung)

M. pectoralis major (Brustmuskulatur)	
Beschreibung der Testdurchführung	Die Person legt sich auf den Rücken mit angewinkelten Beinen auf eine Liege. Die Füße sind hierbei aufgestellt. Dabei wird darauf geachtet, dass kein Hohlkreuz gebildet wird und dass sowohl Becken, als auch Schulterpartie stabil und gerade liegen.

	Nun legt die Person einen Arm diagonal über den Brustkorb. Der andere Arm wird nun im 90°-Winkel abduziert und außenrotiert. Das Ellbogengelenk wird im 90°-Winkel gebeugt, sodass die Handinnenfläche Richtung Decke zeigt. Der Arm soll locker in dieser Position hängen. Nach Beurteilung der Beweglichkeit wird dasselbe Verfahren mit dem anderen Arm durchgeführt.
Richtwerte zur Beurteilung der Beweglichkeit	Zur Bewertung wird die Haltung des Oberarms im Verhältnis zur Horizontalen der Liege betrachtet. Sie sollten auf gleicher Achse sein. Ist der Oberarm gleich zur Horizontalen und kann durch leichten Druck sogar unterhalb gebracht werden, so ist das „**Stufe 0**" und bedeutet, dass keine Beweglichkeitsdefizite bestehen. Ist der Oberarm leicht über der Horizontalen, kann jedoch durch leichten Druck durch den Trainer zur Horizontalen geführt werden, so ist das „**Stufe 1**", ein leichtes Beweglichkeitsdefizit. Erreicht der Arm auch unter leichtem Druck die Horizontale nicht, so ist das „**Stufe 2**", deutliche Beweglichkeitsdefizite.
Testergebnisse der Person	Durchführung am rechten Arm: **Stufe 0** Durchführung am linken Arm: **Stufe 1**
Bewertung und Interpretation der Testergebnisse	Es liegt am rechten Arm ein leichtes Beweglichkeitsdefizit der Brustmuskulatur vor. Es kann sein, dass diese durch einseitige Bewegungen im Büroalltag zustande kommen. Hier sollte man Dehnübungen durchführen, dass sich die Beweglichkeit wieder verbessert.

Tabelle 3: Durchführung der Beweglichkeitstestung an M. iliopsoas (eigene Darstellung)

M. iliopsoas (Hüftbeugemuskulatur)	
Beschreibung der Testdurchführung	Die Person setzt sich mit dem Gesäß knapp auf das Ende der Liege und legt sich dann hin, sodass die Beine gegebenenfalls frei baumeln oder auf dem Boden stehen. Nun wird ein Bein maximal an den Oberkörper herangezogen und festgehalten. Becken und Lendenwirbelsäule werden fixiert, sodass kein Hohlkreuz entsteht. Das andere Bein hängt frei über die Liege hinaus in neutraler Position. Nach Beurteilung der Beweglichkeit wird dasselbe Verfahren mit dem anderen Bein durchgeführt.
Richtwerte zur Beurteilung der Beweglichkeit	Zur Bewertung wird die Position des Oberschenkels im Verhältnis zur Körperlängsachse betrachtet. Ist der Oberschenkel gleich zur Horizontalen und kann unter leichtem Druck sogar darunter bewegt werden, so liegt kein Beweglichkeitsdefizit vor („**Stufe 0**"). Ist der Oberschenkel über der Horizontalen, kann aber durch leichten Druck des Trainers zu ihr geführt werden, so liegt ein leichtes Beweglichkeitsdefizit vor („**Stufe 1**"). Kann der Oberschenkel unter Zugabe von leichtem Druck nicht zur Horizontalen geführt werden, so liegt ein deutliches Beweglichkeitsdefizit vor („**Stufe 2**").
Testergebnisse der Person	Durchführung am rechten Bein: **Stufe 1** Durchführung am linken Bein: **Stufe 0**
Bewertung und Interpretation der Testergebnisse	Es liegt in der rechten Hüftbeugemuskulatur ein leichtes Beweglichkeitsdefizit vor. Daher sollte hierauf in der Trainingsgestaltung der Übungen besonders eingegangen werden.

Tabelle 4: Durchführung der Beweglichkeitstestung an M. rectus femoris (eigene Darstellung)

M. rectus femoris (Kniestreckmuskulatur)

Beschreibung der Testdurchführung	Die Person behält die Position von der Beweglichkeitstestung des M. iliopsoas bei. Das frei hängende Bein wird durch den Trainer in der maximalen Hüftextension fixiert. Zusätzlich wird das Bein in die maximale Knieflexion gebracht. Nach Beurteilung der Beweglichkeit wird dasselbe Verfahren mit dem anderen Bein durchgeführt.
Richtwerte zur Beurteilung der Beweglichkeit	Zur Bewertung wird der Winkel der Knieflexion betrachtet. Bei einem 90°-Winkel liegt kein Beweglichkeitsdefizit vor („Stufe 0"). Wird der 90°-Winkel durch leichten Druck auf den Unterschenkel durch den Trainer erreicht, liegt ein leichtes Beweglichkeitsdefizit vor („Stufe 1"). Wird der 90°-Winkel auch durch leichten Druck nicht erreicht, so liegt ein deutliches Beweglichkeitsdefizit vor („Stufe 2").
Testergebnisse der Person	Durchführung am rechten Bein: Stufe 0 Durchführung am linken Bein: Stufe 0
Bewertung und Interpretation der Testergebnisse	Es liegen keine Beweglichkeitsdefizite der Kniestreckmuskulatur vor, daher kann das Beweglichkeitstraining ohne Einschränkungen gestaltet werden.

Tabelle 5: Durchführung der Beweglichkeitstestung an Mm. ischiocrurales (eigene Darstellung)

Mm. ischiocrurales (Kniebeugemuskulatur)

Beschreibung der Testdurchführung	Die Person legt sich in Rückenlage auf die Liege und beugt ein Bein im Hüft- und auch im Kniegelenk, sodass der Fuß aufgestellt ist. Das andere Bein wird in eine maximale Hüftflexion gebracht, während das Kniegelenk gestreckt bleibt. Es ist darauf zu achten, dass die Hüfte und die Lendenwirbelsäule fixiert bleiben. Nach Beurteilung der Beweglichkeit wird dasselbe Verfahren mit dem anderen Bein durchgeführt.
Richtwerte zur Beurteilung der Beweglichkeit	Zur Bewertung wird der Winkel zwischen dem getesteten Bein und der Körperlängsachse betrachtet. Bei einem 90°-Winkel liegt kein Beweglichkeitsdefizit vor („Stufe 0"). Wird ein Winkel von 80-90° erreicht, so liegt ein leichtes Beweglichkeitsdefizit vor („Stufe 1").
Richtwerte zur Beurteilung der Beweglichkeit	Wird nur ein Winkel unter 80° erreicht, so liegt ein deutliches Beweglichkeitsdefizit vor („Stufe 2").
Testergebnisse der Person	Durchführung am rechten Bein: Stufe 1 Durchführung am linken Bein: Stufe 1
Bewertung und Interpretation der Testergebnisse	Auch in der Kniebeugemuskulatur liegt ein leichtes Beweglichkeitsdefizit vor. Durch die sitzende Tätigkeit als Bürokauffrau scheint die Person allgemein leichte Beweglichkeitsdefizite im Unterkörper entwickelt zu haben.

Tabelle 6: Durchführung der Beweglichkeitstestung an Mm. triceps surae (eigene Darstellung)

Mm. triceps surae (Wadenmuskulatur)

Beschreibung der Testdurchführung	Die Person legt sich mit dem Rücken auf die Liege und beugt ein Bein sowohl im Hüft-, als auch im Kniegelenk, sodass der Fuß aufgestellt ist. Das andere Bein ist ausgestreckt und liegt bis zum Knie auf der Liege auf. Die Wadenmuskulatur ist also frei über dem Boden.

	Der Trainer nimmt nun den nackten Fuß mit einer Hand am Fersenbein und der anderen Hand an der Fußaußenkante und bewegt ihn in eine maximale Dorsalextension. Nach Beurteilung der Beweglichkeit wird dasselbe Verfahren mit dem anderen Fuß durchgeführt.
Richtwerte zur Beurteilung der Beweglichkeit	Zur Bewertung wird der Winkel zwischen dem Fuß und dem Unterschenkel betrachtet. Bei einem 90°-Winkel liegt kein Beweglichkeitsdefizit vor („**Stufe 0**"). Wird ein Winkel zwischen 90° und 100° erreicht, so liegt ein leichtes Beweglichkeitsdefizit vor („**Stufe 1**"). Wird nur ein Winkel 100° erreicht, so liegt ein deutliches Beweglichkeitsdefizit vor („**Stufe 2**").
Testergebnisse der Person	Durchführung am rechten Bein: **Stufe 1** Durchführung am linken Bein: **Stufe 1**
Bewertung und Interpretation der Testergebnisse	Auch die Wadenmuskulatur unterliegt einem leichten Beweglichkeitsdefizit. Im Beweglichkeitstraining wird dementsprechend vor Allem auf die komplette Beinmuskulatur eingegangen.

Es liegen leichte Beweglichkeitsdefizite in der Brustmuskulatur, der Hüftbeugemuskulatur, der Kniebeugemuskulatur und der Wadenmuskulatur vor. Dies sind typische Defizite für die dauerhaft sitzende Tätigkeit als Bürokauffrau. Durch Schonhaltungen der Wirbelsäule kann es zu einer Abschwächung der gesamten Rumpf- und Gesäßmuskulatur kommen. Das könnte auch die Ursache für die von der Person angegeben Verspannungen und Schmerzen im Rücken- und Nackenbereich sein.

3 Trainingsplanung Beweglichkeitstraining

Für die Person wurde auf Basis des Beweglichkeitstests ein Training erstellt, das mit den hier aufgeführten Übungen auf ihre Defizite eingeht und diese kompensieren soll.

Die Dehntechniken werden hier beschrieben und das Belastungsgefüge gewählt.

Das Dehnen als eigenständiges Training soll fünfmal Mal pro Woche durchgeführt werden und wird durch die Regelmäßigkeit und unabhängig von der Dehnmethode zur Beweglichkeitsverbesserung der Person beitragen (Schönthaler & Ohlendorf, 2002, S.29). Auch soll das Training das Körper- und Bewegungsbewusstsein positiv beeinflussen.

1. Übung: Nackenmuskulatur, statisch-passiv

Ausgangsposition dieser Übung ist ein hüftbreiter, aufrechter Stand, Becken fixiert, Knie leicht angewinkelt. Die Person streckt den rechten Arm in Richtung des Bodens und zieht aktiv die rechte Schulter nach unten (Schulterblattdepression). Dann legt sie den Kopf in gerader Stellung so weit es geht auf die linke Seite, sodass das linke Ohr in Richtung linke Schulter geht. Bis zu diesem Punkt wäre die Übung eine aktive Dehnung. Zur Verstärkung des Dehneffekts der Nackenmuskulatur wird die linke Hand auf die rechte Seite des Kopfes gelegt und drückt leicht nach links-unten (auf die kontralaterale Seite) nach. Dadurch wird die Übung zu einer passiven Dehnung. Danach erfolgt der Seitenwechsel. Die Übung wird statisch ausgeführt. Die anvisierte Dehnmuskulatur ist der M. trapezius pars descendens (Trapezmuskel, oberer Anteil). Als Dehndauer werden 15 Sekunden pro Seite und jeweils zwei Sätze festgelegt. Die Intensität in der Nackenmuskulatur soll weicher sein, das heißt tendenziell knapp unter der Dehngrenze, also dem Beginn des Dehnschmerzes. Das wird bei der Trainingshäufigkeit ausreichen um Verspannungen zu lösen und die Haltung der Person verbessern.

2. Übung: Brustmuskulatur und vordere Schultermuskulatur, statisch-aktiv

Die Ausgangsposition ist dieselbe der Übung der Nackenmuskulatur. Während der Übungsausführung bleibt der Kopf immer in Verlängerung zur Wirbelsäule. Die Hände werden hinter dem Rücken, mit Handinnenflächen zueinander, gefaltet und dann die gestreckten Arme nach oben bewegt so weit es geht. Zusätzlich werden die Schultern aktiv nach hinten gezogen, sodass durch eine Retroversion im Schultergelenk eine Dehnung im M. pectoralis major (großer Brustmuskel), M. deltoideus pars clavicularis (Deltamuskel, vorderer Anteil) und M. biceps brachii (zweiköpfiger Oberarmmuskel) entsteht.

Die Dehnung wird 25 Sekunden gehalten und drei Mal wiederholt. Die Dehnung ist aktiv und statisch und die Intensität soll an der Dehngrenze liegen.

3. Übung: Rückenstreckermuskulatur, dynamisch-aktiv

Die Ausgangsposition ist auf einer Matte kniend, wobei die Kniegelenke etwa 90 Grad gebeugt sind. Die Person neigt sich nach vorne, sodass die Hüfte ebenfalls um 90 Grad gebeugt ist. Die Hände sind etwas nach innen rotiert auf Schulterhöhe und in Schulterbreite auf der Matte abgestützt. Die Ellbogen sind leicht gebeugt. Der Rücken ist gerade, der Blick geht auf die Matte zwischen die Hände. Der Bauch wird leicht angespannt. Diese Position nennt sich im Volksmund „Vierfüßlerstand". Dann wird ein starker „Katzenbuckel" gemacht, das heißt, die Person führt eine maximale Extension in der Wirbelsäule aus und spannt die Bauchmuskulatur an. Der Kopf bleibt immer in Verlängerung zur Wirbelsäule, also schaut die Person jetzt in Richtung ihrer Knie. Daraufhin wird die Position langsam in ein Hohlkreuz verändert, das heißt, die Person führt jetzt eine maximale Flexion der Wirbelsäule aus und der Blick geht weiter nach vorne. Hierdurch wird der Mm. erector spinae (autochthone Rückenmuskulatur, sowohl die kurze Rückenmuskeln medialer Trakt, als auch mittellange Rückenmuskeln medialer Trakt und lange Rückenmuskeln lateraler Trakt) gedehnt. Die Dehnung erfolgt aktiv und dynamisch und die Intensität soll unter der Dehngrenze liegen, also weich sein. Es werden 15 langsame und kontrollierte Wiederholungen des Bewegungsablaufs durchgeführt.

4. Übung: Rumpfrotatoren, statisch-passiv

Die Ausgangsposition ist auf dem Rücken liegend auf einer Matte, Blick nach oben an die Decke. Die Arme sind im 90 Grad Winkel vom Körper weg gestreckt und die Hände liegen flach auf dem Boden. Auf der linken Seite der Person liegt eine zusammengerollte Matte, worauf die Person ihr rechtes Bein angewinkelt legt. Die Schulterblätter bleiben hierbei auf dem Boden fixiert, die Hüfte dreht sich mit. Diese Dehnung erfolgt passiv und statisch. Die Intensität soll weich erfolgen, also nicht zum Dehnschmerz führen. Jede Seite wird 30 Sekunden gehalten und es werden zwei Sätze gemacht. Die anvisierte Zielmuskulatur sind der M. obliquus externus abdominis (äußerer schräger Bauchmuskel) und der M. obliquus internus abdominis (innerer schräger Bauchmuskel).

5. Übung: Schulterblattretraktoren, statisch-aktiv

Die Ausgangsposition ist der hüftbreite Stand mit leicht angewinkelten Knien. Die Hände werden vor dem Körper miteinander verschränkt und die Arme auf Schulterhöhe angehoben. Die Schultern bleiben während der gesamten Übung tief. Dann werden die Schulterblätter aktiv nach vorne gezogen, als würde jemand die Person an den gefalteten Händen nach vorne ziehen, der Stand bleibt stabil. Zusätzlich wird der Kopf maximal nach unten geneigt. Die Position wird 20 Sekunden gehalten, es werden zwei Sätze ausgeführt. Die Dehnintensität sollte an der Dehngrenze liegen. Die anvisierte Zielmuskulatur ist der M. trapezius (Trapezmuskel) und der Mm. rhomboidei (Rautenmuskel).

6. Übung: Gesäßmuskulatur, dynamisch-passiv

Die Ausgangsposition ist in Rückenlage auf einer Matte liegend. Das rechte Bein wird sowohl im Knie-, als auch im Hüftgelenk gebeugt. Die Hände umfassen den Oberschenkel. Das linke Bein wird ebenfalls gebeugt und außenrotiert, sodass der Unterschenkel auf dem Oberschenkel des rechten Beines abgelegt werden kann. Die Dehnung wird von der Person in gleichmäßigem Rhythmus verstärkt und verringert, je nachdem wie stark sie das rechte Bein mit den Händen in Richtung Oberkörper zieht und wieder locker lässt. Dabei sollte das linke Knie immer fixiert bleiben. Es werden 10 gleichmäßige Wiederholungen und zwei Sätze pro Seite durchgeführt. Die Dehnintensität soll an der Dehngrenze liegen. Die anvisierte Zielmuskulatur ist der M. glutaeus maximus (großer Gesäßmuskel), der M. glutaeus medius (mittlerer Gesäßmuskel) und der M. glutaeus minimus (kleiner Gesäßmuskel).

7. Übung: Hüftbeugemuskulatur, dynamisch-passiv

Die Ausgangsposition ist kniend auf einer Matte. Der linke Fuß wird weit nach vorne gestellt und das Gewicht darauf verlagert, sodass eine starke Beugung im linken Knie und dem linken Teil des Hüftgelenks entsteht. Knie und Fuß sind hierbei auf gleicher Höhe. Das rechte Bein wird nach hinten ausgestreckt gehalten, der Unterschenkel liegt auf der Matte auf und die Zehenspitzen werden nach hinten gestreckt. Der Oberkörper bleibt während der gesamten Übung aufrecht und die Hände liegen auf dem linken Oberschenkel auf. Das Gewicht wird nun in einer fließenden Bewegung leicht nach vorne und hinten verlagert, sodass es eine dynamisch Dehnung bewirkt. Nach 10 Wiederholungen wird die Seite gewechselt. Die Intensität soll an der Dehngrenze liegen und es werden drei Sätze gemacht. Die anvisierten Zielmuskulaturen sind der M. iliopsoas (Lendendarmbeinmuskel) und der M. rectus femoris (gerader Oberschenkelmuskel).

8. Übung: vorderseitige Oberschenkelmuskulatur, statisch-passiv

Die Ausgangsposition ist der aufrechte Stand. Die Person verlagert ihr Gewicht auf das rechte Bein und beugt dieses leicht. Das linke Knie beugt sie so weit, dass sie den linken Fuß mit der linken Hand über dem Sprunggelenk auf Höhe des Gesäßes umfassen kann. Mit der rechten Hand darf sich die Person an einer Stuhllehne festhalten, damit sie ich nicht nur darauf konzentriert das Gleichgewicht zu halten. Der linke Fuß wird nun so weit es geht Richtung Gesäß gezogen und das Becken bleibt stabil. Die Oberschenkel sind auf gleicher Ebene. Zielmuskulatur ist der M. quadriceps femoris (vierköpfiger Oberschenkelmuskel). Die Dehnung wird statisch 25 Sekunden gehalten und dann die Seite gewechselt. Es ist eine passive Übung. Die Intensität sollte an der Dehngrenze liegen. Es werden drei Wiederholungen pro Seite ausgeführt.

9. Übung: ischiocrurale Muskulatur, postisometrisch-passiv

Die Ausgangsposition ist auf einer Matte in Rückenlage. Das linke Bein wird im Kniegelenk leicht gebeugt und der Fuß aufgestellt. Das rechte Bein wird im Hüftgelenk gebeugt, das Knie ebenfalls leicht gebeugt, und beide Hände umfassen den Oberschenkel. Das Bein wird in die maximale Hüftflexion gebracht und versucht das Kniegelenk zu strecken. Bei einer leicht spürbaren Dehnung wird gestoppt. Anvisierte Zielmuskulatur ist der M. biceps femoris (zweiköpfiger Oberschenkelmuskel), der M. semimembranosus (Plattsehnenmuskel) und der M. semitendinosus (Halbsehnenmuskel). Dann wird die rückseitige Oberschenkelmuskulatur etwa acht Sekunden isometrisch kontrahiert, das heißt, die Person arbeitet mit dem Bein gegen ihre verschränkten Hände und drückt dagegen so fest es geht. Dann wird die Position für zwei bis drei Sekunden entspannt. Nun wird eine stärkere Dehnungsposition eingenommen und 20 Sekunden gehalten (Hohmann, Lames & Letzelter, 2002, S. 100; Sölveborn, 1983, S. 13). Dieser Wechsel zwischen isometrischer Kontraktion und Dehnposition wird dreimal durchgeführt mit zunehmender Steigerung der Dehnposition. Danach erfolgt der Seitenwechsel.

10. Übung: Wadenmuskulatur, dynamisch-passiv

Die Person macht einen großen Schritt mit einem Bein nach vorne, das Gewicht wird auf das vordere Bein verlagert und das Knie des vorderen Beines wird leicht gebeugt. Die Zehenspitzen beider Füße zeigen nach vorne. Dabei bleibt die Ferse des hinteren Beines auf dem Boden stehen, sodass das hintere Bein komplett gestreckt ist und mit dem Oberkörper eine Linie bildet. Der Rücken bleibt gerade, während sich die Person leicht nach vorne neigt und die Hände auf dem vorderen Bein überkreuzt. Die anvisierte Zielmuskulatur ist die Wadenmuskulatur mit Schwerpunkt durch die Dorsalextension des Sprunggelenks auf dem zweigelenkigen M. gastrocnemius (Zwillingswadenmuskel), doch auch der M. soleus (Schollenmuskel) wird gedehnt. Der Dehneffekt kann durch eine stärkere

Beugung des vorderen Knies, also einer Verstärkung der Dorsalextension des hinteren Beines, variiert werden. Die Person soll die Dehnung in einem gleichmäßigen Rhythmus immer wieder verstärken und lösen, sodass die Übung dynamisch durchgeführt wird. Nach 10 Wiederholungen wechselt sie das Bein. Es werden drei Sätze ausgeführt.

4 Trainingsplanung Koordinationstraining

Im folgenden wurde ein Trainingsplan für Koordinationstraining im Sinne eines Gleichgewichtstrainings für die Person erstellt. Das Training stellt eine methodische Übungsreihe dar, die Übungen bauen aufeinander auf und werden immer anspruchsvoller.

Als Hilfsmittel werden ein Ball und ein Airex-Kissen benötigt.

1. Übung:

Die Person stellt sich in den Linienstand, das bedeutet beide Füße werden auf einer Geraden direkt hintereinander, mit den Zehenspitzen nach vorne zeigend, positioniert. Beide Beine werden gleich mit dem Körpergewicht belastet. Die Hände sind neben dem Körper auf Hüfthöhe. Nun bekommt die Person einen Ball in die linke Hand. Der Ball soll über den Kopf zur rechten Hand gereicht werden und dann wieder auf Hüfthöhe gehalten werden. Dann gibt die rechte Hand den Ball wieder über den Kopf in die linke Hand, die ihn zur Hüfthöhe führt. Das ist eine Wiederholung. Es sollen 10 Wiederholungen ausgeführt werden. Danach erfolgt ein Positionswechsel der Füße.

Es werden zwei Sätze ausgeführt mit einer Pause von 45 Sekunden dazwischen.

Die Ball-Führung wird zur Einfachheit im Folgenden „Ball über Kopf reichen" genannt.

2. Übung:

Die Ausgangsposition ist wieder der Linienstand. Bei dieser Übung soll der Ball mit den Händen um den Rumpf gerollt werden. 10 Mal im Uhrzeigersinn, 10 Mal in entgegengesetzter Richtung. Dann erfolgt wieder der Fußwechsel. Es werden wieder zwei Sätze ausgeführt mit 45 Sekunden Pause dazwischen.

Die Ball-Führung wir zur Einfachheit im Folgenden „Ball-Rotation" genannt.

3. Übung:

Die Ausgangsposition, Wiederholungs- und Satzzahl und die Pause bleiben wieder gleich wie in Übung 1. Der Ball wird nun mit beiden Händen 10 Mal nach oben geworfen und wieder mit beiden Händen gefangen. Danach erfolgt wieder ein Fußwechsel. Die Ball-Führung wird zur Einfachheit im Folgenden „Ball-Wurf" genannt.

4. Übung:

Nun findet ein Wechsel der Ausgangsposition statt. Die Person stellt sich nun auf ein Bein und hält das andere locker gebeugt. Im einbeinigen Stand führt sie zu den gleichen Belastungsparametern das „Ball über den Kopf reichen" aus Übung 1 aus.

5. Übung:

Die Ausgangsposition ist wieder der einbeinige Stand. Es wird die „Ball-Rotation" aus Übung 2 durchgeführt. Die sonstigen Belastungsparameter sind ebenfalls gleich der Übung 2.

6. Übung:

Die Ausgangsposition ist wieder der einbeinige Stand. Es wird der „Ball-Wurf" wie in Übung 3 durchgeführt, mit den gleichen Belastungsparametern.

7. Übung:

Nun wird das Airex-Kissen benötigt. Die Ausgangsposition ist der Linienstand auf dem Airex-Kissen. Nun wird der Übungsablauf der 1. Übung, also „Ball über Kopf reichen", wiederholt mit denselben Belastungsparametern.

8. Übung:

Die Ausgangsposition ist gleich der 7. Übung. Der Übungsablauf ist derselbe wie in Übung 2 („Ball-Rotation") mit allen Belastungsparametern.

9. Übung:

Die Ausgangsposition ist dieses Mal der einbeinige Stand auf dem Airex-Kissen. Der Übungsablauf ist wieder „Ball über den Kopf reichen" mit allen Belastungsparametern.

10. Übung:

Die Ausgangsposition ist gleich der 9. Übung. Es wird die „Ball-Rotation" mit allen bisherigen Belastungsparametern ausgeführt.

Das Koordinationstraining soll vor allem das Gleichgewicht der Person schulen, da der Gleichgewichtssinn durch die sitzende Tätigkeit wenig genutzt wird. Der Gleichgewichtssinn wird im Alter immer wichtiger, da er als Sturzprophylaxe dienen kann. Auch wird die Person im Tanzunterricht merken, dass sie Tanzschritte besser ausführen kann und auch bei anspruchsvolleren Drehungen mehr Sicherheit gewinnt. Gleichgewichtstraining dient nämlich zur Verbesserung der Körperwahrnehmung und ist eine Bewegungssicherung für weitere Aktivitäten des täglichen Lebens. Das kommt vor Allem daher, dass Bewegungsausführungen bewusster ausgeführt werden.

5   Literaturrecherche

In den folgenden zwei Tabellen werden zwei Studien zum Thema „Effekte des Dehnens im Hinblick auf eine Verbesserung der sportlichen Leistungsfähigkeit" dargestellt.

Tabelle 7: Studie 1 (eigene Darstellung)

„Effects of differing intensities of static stretching on jump performance"	
Wer hat die Studie durchgeführt?	David G. Brehm und Armin Kibele

In welchem Jahr wurde die Studie publiziert?	2007
Welche Forschungsfrage wurde untersucht?	Wirken sich statische Dehnübungen mit submaximaler Intensität (niedriger als die Schmerzgrenze) negativ auf die Sprungleistung aus?
Mit welchen Versuchspersonen wurde die Studie durchgeführt?	10 Versuchspersonen, keine weiteren Angaben
Wie sah der Versuchsaufbau der Studie aus?	Alle Versuchspersonen nahmen an einer Voruntersuchung teil. Dort wurde die Beweglichkeitsamplitude durch drei verschiedene Dehnübungen zu je zwei Sätzen, jeder Satz gefolgt von fünf verschiedenen Sprüngen getestet. Die Sprunghöhe wurde vermerkt. Danach wurde der Quadrizeps, die ischiocrurale Muskulatur und die Plantarflexoren jeweils 30 Sekunden gedehnt. Es wurden vier Sätze gemacht mit 30 Sekunden Pause dazwischen. Intensitäten waren hierbei 100% (maximal), 75% (submaximal), 50% (submaximal) der Schmerzgrenze/Dehngrenze und eine Kontrollwiederholung. Fünf Minuten später wurden die Sprünge aus der Voruntersuchung wiederholt und wieder die Sprunghöhe gemessen.
Welche relevanten Ergebnisse und Schlussfolgerungen lieferte die Studie?	Die Durchführung aller Dehnintensitäten beeinträchtigte die Sprunghöhe der unterschiedlichen Sprünge signifikant. Durchschnittlich wurde die Sprunghöhe um 4,6%, 5,7%, 5,4%, 3,8% und 3,6% verringert. Hieraus erschließt sich, dass die durchgeführten maximalen, sowie submaximalen Dehnübungen die Leistungsergebnisse bei einer Vielzahl von Sprungtechniken negativ beeinträchtigt. Es wird basierend auf weiteren, früheren Studien vermutet, dass das mit der Dehnbarkeit/Elastizität der Muskulatur zu tun hat.

Tabelle 8: Studie 2 (eigene Darstellung)

„Static stretching impairs sprint performance in collegiate track and field athletes"	
Wer hat die Studie durchgeführt?	Jason B. Winchester, Arnold G. Nelson, Dennis Landin, Michael A. Young, Irving C. Schexnayder
In welchem Jahr wurde die Studie publiziert?	2008
Welche Forschungsfrage wurde untersucht?	Kompensiert die, in früheren Studien bestätigte, negative Wirkung des statischen Dehnens die leistungssteigernde Wirkung eines dynamischen Aufwärmtrainings von erfahrenen Athleten?
Mit welchen Versuchspersonen wurde die Studie durchgeführt?	11 weibliche und 11 männliche Versuchspersonen, die durchschnittlich 20 Jahre alt und Athleten der 1. Division des

	Leichtathletik-Teams der NCAA (National Collegiate Athletic Association) waren. Sie alle waren erfahren in der angewandten Performance-Methode und dem Zeitmessungsverfahren.
Wie sah der Versuchsaufbau der Studie aus?	Alle Versuchspersonen führten an zwei Messtagen, mit Abstand einer Woche, ein Aufwärmprogramm durch. Hierbei wurden bereits Verbesserungen festgestellt. Ein Teil der Versuchspersonen ruhte sich danach aus (NS-Gruppe), der andere Teil führte ein 10-minütiges Dehntraining von vier Dehnübungen aus (SS-Gruppe). Die Übungen waren für den Beckengürtel mit unteren Extremitäten ausgelegt. Es wurden drei Sätze mit progressiver Bewegungsamplitude gemacht. Intensität war die Schmerzgrenze. Diese wurde 30 Sekunden gehalten und dann 10-20 Sekunden Pause gemacht. Beide Gruppen absolvierten dann drei 40 Meter-Sprints mit fünf Minuten Pause dazwischen. Die Zeit wurde bei 20 und 40 Metern gemessen.
Welche relevanten Ergebnisse und Schlussfolgerungen lieferte die Studie?	Die NS-Gruppe war bei der 20 Meter-Messung um 0,03 Sekunden und bei der 40 Meter-Messung um 0,1 Sekunden gegenüber der SS-Grupper schneller. Die Studie lässt vermuten, dass die Durchführung eines Dehntrainings nach einem Aufwärmtraining auf die Sprintleistung bei erfahrenen Leichtathletikern leistungsmindernd wirkt.

6   Literaturverzeichnis

Brehm, D. C. & Kibele, A. (2007). Effects of differing intensities of static stretching on jump performance. *European Journal of Applied Physiology,* 101 (5), 587-594.

Hohmann, A., Lames, M. & Letzelter, M. (2002). *Einführung in die Trainingswissenschaft* (Limpert Sportwissenschaft, 2. Aufl.). Wiebelsheim: Limpert.

Janda, V. (2000). *Manuelle Muskelfunktionsdiagnostik* (4. Aufl.). München: Urban & Fischer.

Schönthaler, S. R. & Ohlendorf, K. (2002). *Biomechanische und neurophysiologische Veränderungen nach ein- und mehrfach seriellem passiv-statischem Beweglichkeitstraining* (Wissenschaftliche Berichte und Materialien / Bundesinstitut für Sportwissenschaft, 1. Aufl.). Köln: Sport und Buch Strauß.

Winchester, J. B., Nelson, A. G., Landin, D., Young, M. A. & Schexnayder, I. C. (2008). Static Stretching Impairs Sprint Performance in Collegiate Track and Field Athletes. *Journal of Strength and Conditioning Research, 22* (1), 13-18.

7 Tabellenverzeichnis

BEI GRIN MACHT SICH IHR
WISSEN BEZAHLT

- Wir veröffentlichen Ihre Hausarbeit,
  Bachelor- und Masterarbeit

- Ihr eigenes eBook und Buch -
  weltweit in allen wichtigen Shops

- Verdienen Sie an jedem Verkauf

Jetzt bei www.GRIN.com hochladen
und kostenlos publizieren